EDIT DU ROY,

PORTANT rétabliſſement des Charges & Offices
ſur les Quais, Chantiers, Halles, Foires, Places
& Marchez de la Ville de Paris.

AVEC LE TARIF DES DROITS Y ATTRIBUEZ.

Donné à Verſailles au mois de Juin 1730.

LOUIS par la grace de Dieu Roy de France & de
Navarre: A tous preſens & à venir, SALUT. Par les
Edits des mois de May 1715. & Septembre 1719. les
Offices établis ſur les Quais, Ports, Halles & Marchez
de notre bonne Ville de Paris, ayant été ſupprimez, & les
finances deſdits Offices liquidées, Nous aurions pourvû au payement des Creanciers des Communautez deſdits Offices ; mais
pluſieurs des Officiers ſupprimez n'ayant pû profiter des diffe-
rens rembourſemens qui leur avoient été indiquez, il Nous
auroient repreſenté avec beaucoup d'inſtance que la perception
des Droits dont ils joüiſſoient avant leur ſuppreſſion, ſe conti-
nuant à notre profit, il étoit de notre juſtice de les rétablir
dans leurs Offices & joüiſſance deſdits Droits ; à quoy Nous nous
ſommes portez d'autant plus volontiers, qu'il y en a beaucoup
d'entr'eux qui faute d'employ ſe trouvent ſans ſubſiſtance, &
qu'il eſt plus avantageux au Public que des fonctions qui ont
été regardées dans tous les tems comme très utiles à la Police
deſdits Quais, Ports, Halles & Marchez, ſoient confiées à des
Officiers en charge, toûjours intereſſez au bon ordre qu'il con-
vient d'y obſerver, pour procurer l'abondance, & reprimer les
mauvaiſes pratiques qui s'introduiſent dans le Commerce & la
vente des denrées neceſſaires à la ſubſiſtance des Habitans de ladite Ville. D'ailleurs le rétabliſſement deſdits Offices, en don-
nant aux anciens titulaires le moyen de faire uſage de leurs liqui-

A

dations qui feront reçûës en payement, & en Nous procurant l'extinction d'une partie confiderable de rentes fur nos Aydes & Gabelles, nous mettra en même-temps en état de fatisfaire au payement de dépenfes & de dettes également preflées & indif-penfables, fans augmenter toutefois les droits qui fe perçoivent actuellement fur lefdits Quais, Ports, Halles & Marchez, beau-coup moins onereux à nos Sujets que ceux dont Nous nous propofons d'ordonner la fuppreffion, dès que la fituation de nos affaires Nous le permettra. A ces causes & autres à ce Nous mouvans, de l'avis de notre Confeil, & de notre certaine fcience, pleine puiffance & autorité Royale, Nous avons par le prefent Edit perpétuel & irrévocable dit, ftatué & ordonné, difons, ftatuons & ordonnons, voulons & Nous plaît ce qui fuit.

ARTICLE PREMIER.

Avons créé & rétabli en titre d'Offices formez & hereditaí-res, toutes les Charges & Offices cy-après dénommées, fur les Ports, Quais, Chantiers, Halles, Foires, Places & Marchez de notre bonne Ville, Fauxbourgs & Banlieuë de Paris, avec les droits y attribuez, tels qu'ils fe perçoivent actuellement, fans aucune augmentation, fuivant le Tarif qui en fera arrêté en notre Confeil, & attaché fous le contrefcel de notre prefent Edit, lefquels droits feront perçûs en confequence dudit Edit, & joints héréditairement aufdits Offices, ayant par notre pre-fent Edit créé & rétabli lefdits Offices & Droits en tant que befoin feroit, dont Nous voulons que les Pourvûs defdits Offi-ces joüiffent perpetuellement & héréditairement fous les titres & qualifications fuivantes.

Sçavoir,

Cent vingt Commiffaires Jurez Vifiteurs, Marqueurs, Me-fureurs & Controlleurs des Bois quarrez à bâtir, à œuvrer, fciage & charonage.

Vingt Infpecteurs Controlleurs de déchirage de Batteaux.

Dix Controlleurs Marqueurs, Effayeurs de l'Etain.

Trente Controlleurs, Vifiteurs, Marqueurs de toutes fortes de Papiers & Cartons.

Quatre-vingt cinq Infpecteurs fur les Veaux.

Trois cens soixante Jurez Controlleurs, Courtiers, Vendeurs de la Volaille, Gibier, Cochons de lait, Agneaux & Chevreaux.

Vingt-six Jurez Mesureurs de Charbon de terre.

Trente-deux Jurez Porteurs de Charbon de terre.

Quatre-vingt-quinze Jurez Vendeurs, Controlleurs & Compteurs de Marée.

Cinquante Jurez Vendeurs & Controlleurs du Barillage & Saline.

Quarante Jurez Vendeurs, Controlleurs & Compteurs de Poisson d'eau douce.

Quatre-vingt Jaugeurs & Mesureurs sur les Vins, Eaux-de-vie, Liqueurs, Cidres, Poirez, Vinaigres, Vins gâtez & Verjus.

Cent vingt Jurez-Vendeurs & Controlleurs de Vins & Liqueurs.

Quatre-vingt dix Courtiers, Commissionnaires sur les Vins.

Cent vingt Rouleurs de Tonneaux.

Cent quarante Chargeurs & Déchargeurs des Vins & Boissons.

Cent vingt Inspecteurs, Visiteurs & Controlleurs Généraux de Police sur les Vins.

Cent soixante Vérificateurs des Lettres de voiture.

Cent vingt Inspecteurs Gourmets sur les Vins.

Deux cent vingt Gardes de nuit pour veiller à la conservation des marchandises & denrées des Ports & Chantiers.

Cent soixante Débladeurs, Planchéeurs & Boüeurs.

Cent quatre-vingt Gardes-Batteaux, Metteurs à Port & Equipeurs.

Cent trente Essayeurs, Visiteurs, Controlleurs & Commissionaires d'Eau-de-vie & Esprit de Vin.

Cent deux Courtiers Commissionnaires à la vente & revente des Vins, Liqueurs, Cidres, Poirez, Verjus & Vins gâtez.

Trente Inspecteurs, Controlleurs, Visiteurs & Essayeurs de Bierre.

Quatre-vingt Jurez-Controlleurs, Vendeurs, Priseurs, Peseurs & Visiteurs de Foin.

Soixante-quinze Jurez Courtiers, Tireurs, Chargeurs, Débardeurs & Botteleurs de Foin.

Trente Compteurs de Foin.

Quatre-vingt Jurez Mesureurs, Controlleurs & Visiteurs de Grains & Farines.

Quatre-vingt Jurez-Porteurs de Grains & Farines, Leveurs de Minots & autres mesures, & Briseurs de Farines.

Cent Aulneurs, Visiteurs de Toille.

Quatre-vingt Commissaires, Controlleurs, Jurez Mouleurs de Bois, Aides à Mouleurs, Controlleurs, Chargeurs & Déchargeurs.

Seize Inspecteurs, Visiteurs, Languayeurs & Controlleurs de Porcs.

Deux Mesureurs, Controlleurs & Porteurs de Chaux.

Et quatorze Officiers Forts du Port Saint Paul.

II. La Finance desdits Offices sera fixée par les Rolles arrêtez en notre Conseil, & sera payée sur les quittances du Tresorier de nos revenus casuels, suivant & conformément ausdits Rolles; sçavoir, un septiéme en especes, & six septiémes en liquidations des anciens Offices & Contrats sur l'Hôtel de Ville de Paris; accordons un délai de six mois aux Titulaires supprimez pour lever les nouveaux Offices par préférence à tous autres, & à leur choix, lequel délai passé, permettons à tous particuliers de les acquerir, en payant un sixiéme en especes, & les cinq autres sixiémes en Contrats sur la Ville.

III. Joüiront tous les Pourvûs desdits Offices presentement créez, des droits & émolumens à eux attribuez, qu'ils leveront de la même maniere qu'ils sont actuellement perçûs par l'Adjudicataire general de nos Fermes & ses Sous-Fermiers, & par ceux qui ont été commis par les Sieurs Lieutenant Général de Police, Prévôt des Marchands & Echevins de la Ville de Paris: le tout suivant & conformément au Tarif attaché sous le contre-scel de notre present Edit.

IV. Seront exempts les Pourvûs desdits Offices de Logement de Gens de Guerre, & joüiront de toutes les Exemptions, Privileges, Fonctions, Rangs & Séances qui leur ont été attribuez par leurs Edits de création, & ainsi qu'en ont joüi ou dû joüir les anciens Officiers.

V. Le peu de droits qui se perçoivent actuellement sur le Bois à brûler, ne permettant pas de créer & rétablir un aussi grand nombre de Mouleurs, Aides à Mouleurs, Controlleurs, Chargeurs & Débardeurs qu'il y en avoit cy-devant, & plusieurs autres Offices n'ayant pû être rétablis par la même raison sous les titres qu'ils ont été précédemment créez, Nous entente...ons

tendons cependant que tous ceux qui ont cy-devant poſſedé au-
cuns des Offices ſupprimez par ledit Edit du mois de Septembre
mil ſept cent dix-neuf, ſoient comme anciens Officiers préfé-
rez pendant ſix mois ſeulement dans l'acquiſition des Offices
& Charges preſentemeat créez, & que les liquidations qui en
ont été faites en Contrats de rentes ſur la Ville, ſur les Tailles,
& Provinciales qui leur ont été donnez pour leur rembourſement, ſoient pris & reçûs en payement de l'acquiſition deſdits
Offices qu'ils voudront acquerir en telle Communauté qu'il
leur conviendra.

VI. Les anciens Titulaires qui ont eu des proviſions, & qui
ont été reçûs pour l'exercice de leurs Charges pardevant les
Sieurs Lieutenant Général de Police, Prevôt des Marchands
& Echevins de la Ville de Paris, ne ſeront point tenus de pren-
dre aucunes nouvelles proviſions, pourvû qu'ils acquierent de
pareils Offices que ceux où ils avoient été reçûs, deſquelles
nouvelles Proviſions Nous les avons diſpenſé & diſpenſons:
Voulons qu'ils ſoient inſtallez en l'exercice des Offices preſentement créez, ſans aucune réception ni autres frais, ſur la ſimple
repreſentation de la quittance de Finance qui leur ſera délivrée ;
enſemble de leurs anciennes Proviſions & Actes de réception,
pour ceux qui n'ont pas encore reçû leur rembourſement ; & à
l'égard de ceux qui ont remis leurs Proviſions & Actes de reception lors de leurs rembourſemens qu'ils ont employé en rentes, ſur la ſimple repreſentation de la nouvelle quittance de Finance, & ſur la copie collationnée de leurs Proviſions & Actes
de reception, dont le Garde du Treſor Royal ſera tenu de leur
fournir copie ſans frais.

VII. Leurs veuves, enfans ou heritiers, porteurs de Liquidations ou Contrats de rentes ſur la Ville, ſur les Tailles ou Provinciales qui ont été donnez pour rembourſement des anciens
Offices, auront la même préférence que les anciens Officiers,
& il ſera expedié de nouvelles Proviſions à ceux qu'ils auront
nommez pour être reçûs & inſtallez en la maniere qu'il ſe
pratiquoit avant l'Edit de Septembre 1719.

VIII. Voulons que ceux qui ſeront pourvûs deſdits Offices, &
qui n'auront pas été Titulaires des anciennes Charges, ne payent
que le quart des droits qu'ils devroient payer pour le Marc d'or,
ſceau, reception & autres frais des premieres proviſions qui leur

feront expediées en exécution du prefent Edit, pour cette fois feulement.

IX. Pourront les pourvûs des anciennes charges acquerir un ou plufieurs Offices prefentement créez dans la même Communauté, ou dans differentes Communautez, même fe réunir en Communauté comme ils étoient précédemment pour en réduire le nombre.

X. Permettons aux Officiers des differentes Communautez créez par le prefent Edit, de faire la levée & perception des Droits qui leur font attribuez, ou d'en charger les Commis & Prépofez par l'Adjudicataire de nos Fermes générales pour la perception de nos droits, qui feront tenus de faire celle defdits Officiers, à la remife feulement de quatre deniers pour livre du produit de leurs droits : Leur permettons pareillement de commettre à l'exercice & fonction defdits Offices, de l'agrément des Sieurs Lieutenant General de Police, Prévôt des Marchands & Echevins, chacun en ce qui les concerne, telles perfonnes qu'ils jugeront à propos, fur leur fimple procuration paffée pardevant Notaires, dont ils demeureront civilement garants & refponfables ; & feront lefdits Commis tenus de fe faire recevoir pardevant lefdits Sieurs Lieutenant General de Police, Prevôt des Marchands & Echevins de la Ville de Paris, ainfi qu'il eft d'ufage.

XI. Voulons que les Creanciers des anciens Officiers confervent leurs hipoteques & privileges fur les Offices établis par le prefent Edit & fur la finance d'iceux, ainfi qu'ils l'avoient avant leur fuppreffion. Permettons aux Acquereurs des Offices créez & rétablis d'emprunter les fommes qu'ils Nous payeront, outre celles de leurs liquidations, & voulons que ceux qui leur prêteront leurs deniers à cet effet ayent privilege fpecial pour raifon defdits prêts fur lefdits Offices, & fur les droits y attribuez ; à l'effet dequoi mention en fera faite dans les Quittances de finance qui leur feront expédiées.

XII. Les pourvûs defdits Offices qui étoient cy-devant affujettis à une reconnoiffance annuelle envers l'Hôtel de Ville, feront tenus de payer annuellement pour la confervation de leurs Offices, ès mains du Receveur de l'Hôtel de Ville ; fçavoir, pour les Offices aufquels il a été attribué des droits, dix livres de reconnoiffance ; & pour ceux qui n'ont d'autres émolumens que

ceux de leur salaire, cinq livres aussi de reconnoissance, moyen-
nant laquelle reconnoissance lesdits Officiers pourront resigner
leurs Offices pardevant Notaires, sans être tenus de faire leur
resignation en personne dans ledit Hôtel de Ville, du payement
de laquelle reconnoissance annuelle, ainsi que pour l'annuel des
Offices cy-après, Nous les avons dispensez pour l'année dans
laquelle ils seront reçûs, sans que pendant icelle leurs Offices
puissent être déclarez vacants, non plus que dans les années sub-
sequentes, en payant par eux ladite reconnoissance annuelle ; &
à l'égard des autres Offices qui étoient sujets à l'annuel en nos
Parties casuelles, voulons qu'ils ne payent à l'avenir que dix livres, à quoy Nous avons réduit & moderé leur annuel, sans
qu'il puisse être augmenté, ni que lesdits Offices soient sujets à
aucun prest pour l'avenir, dont Nous les avons dispensez N'en-
tendons néanmoins déroger aux droits que notre Procureur au
Châtelet avoit par le passé, suivant les Edits & Declarations des
Rois nos prédecesseurs, sur les Offices de Porteurs de Grains
dépendans de la Jurisdiction du Châtelet, au sujet de leur ré
ption, installation, serment & vacations de leurs Offices, dans
lesquels il demeurera conservé pour trente-huit Offices seule-
ment, au lieu de cinquante-cinq ; attendu que par le present
Edit, Nous avons réduit leur nombre à quatre-vingt, de cent
dix-huit qu'ils étoient.

XIII. Avons maintenu & confirmé les Sieurs Lieutenant Général de Police, Prévôt des Marchands & Echevins de la Ville
de Paris, dans la Police qui leur appartient, chacun en droit soy
sur lesdits Offices créez par le present Edit, à la Jurisdiction des-
quels & pour les cas chacun les concernans, lesdits Officiers demeureront assujettis suivant l'ancien usage, & les titres primor-
diaux de leur établissement, sans aucune novation ni attribution
nouvelle. Voulons que la Jurisdiction, Police & connoissance de
tout ce qui concerne les Marchandises de Poisson, tant d'eau
douce que de Poisson de Mer, frais, sec & salé, & droits sur
icelles, soit & appartienne à notre Cour de Parlement en premiere instance, & en la même forme & maniere qu'avant l'Edit
de suppression du mois de Septembre 1719.

XIV. Les Bourgeois de notre bonne Ville de Paris, & ceux à
qui Nous aurions pû accorder quelques exemptions par des Edits
& Arrests, seront & demeureront conservez dans tous leurs

droits, privileges & exemptions pour les denrées de leur crû, en faifant enregiftrer leurs titres, & rapportant des certificats en bonne forme, fuivant notre Declaration du 15. May 1722. qui fera executée à cet égard felon fa forme & teneur. .

XV. Voulons qu'en attendant la vente defdites Charges & Offices, en conformité des Rolles qui feront arrêtez en notre Confeil, la perception & régie des droits foit faite par nos Fermiers defdits droits, au moyen dequoy les Commiffions qui pourroient avoir été délivrées par les Sieurs Lieutenant General de Police, Prevôt des Marchands & Echevins de Paris, pour la perception & régie defdits droits & fonctions des Offices mentionnez au prefent Edit, demeureront fupprimez du jour de la publication qui en fera faite. SI DONNONS EN MANDEMENT à nos amez & feaux Confeillers les Gens tenans notre Cour de Parlement, Chambre des Comptes & Cour des Aydes à Paris, que le prefent Edit ils ayent à faire lire, publier & regiftrer, & le contenu en icelui garder, obferver & executer felon fa forme & teneur, nonobftant tous Edits, Declarations, Arrefts & Reglemens à ce contraires, aufquels Nous avons dérogé & derogeons par le prefent Edit; aux copies duquel collationnées par l'un de nos amez & feaux Confeillers & Secretaires, Voulons que foy foit ajoutée comme à l'original: CAR tel eft notre plaifir; & afin que ce foit chofe ferme & ftable à toûjours, Nous y avons fait mettre notre Scel. DONNE' à Verfailles au mois de Juin, l'an de grace mil fept cens trente, & de notre Regne le quinziéme *Signé*, LOUIS. *Et plus bas*, Par le Roy, PHELYPEAUX. *Vifa*, CHAUVELIN. Vû au Confeil, ORRY. Et fcellé du grand Sceau de cire verte, en lacs de foye rouge & verte.

Regiftré . oüy, ce requerant le Procureur Général du Roy, du très exprès commandement du Roy, à la Cour donné à entendre par la réponfe faite par ledit Seigneur Roy aux remontrances de ladite Cour, pour ètre ledit Edit éxecuté felon fa forme & teneur; en confequence les liquidations & les Contrats de rentes fur l'Hôtel de Ville, fur les Tailles ou Rentes Provinciales, qui auront été donnez en payement des nouveaux Offices créez & rétablis par le prefent Edit, demeureront éteints & fupprimez, & mention en fera faite tant fur les minuttes que fur les groffes defdits Contrats, à la décharge du Roy; le tout fans approbation d'autres Tarifs & Arrefts y énoncez, que ceux
defdits

tendons cependant que tous ceux qui ont cy-devant poſſedé au-
cuns des Offices ſupprimez par ledit Edit du mois de Septembre
mil ſept cent dix-neuf, ſoient comme anciens Officiers préfé-
rez pendant ſix mois ſeulement dans l'acquiſition des Offices
& Charges preſentemeat créez, & que les liquidations qui en
ont été faites en Contrats de rentes ſur la Ville, ſur les Tailles,
& Provinciales qui leur ont été donnez pour leur rembourſement, ſoient pris & reçûs en payement de l'acquiſition deſdits
Offices qu'ils voudront acquerir en telle Communauté qu'il
leur conviendra.

VI. Les anciens Titulaires qui ont eu des proviſions, & qui
ont été reçûs pour l'exercice de leurs Charges pardevant les
Sieurs Lieutenant Général de Police, Prevôt des Marchands
& Echevins de la Ville de Paris, ne ſeront point tenus de pren-
dre aucunes nouvelles proviſions, pourvû qu'ils acquierent de
pareils Offices que ceux où ils avoient été reçûs, deſquelles
nouvelles Proviſions Nous les avons diſpenſé & diſpenſons:
Voulons qu'ils ſoient inſtallez en l'exercice des Offices preſentement créez, ſans aucune réception ni autres frais, ſur la ſimple
repreſentation de la quittance de Finance qui leur ſera délivrée;
enſemble de leurs anciennes Proviſions & Actes de réception,
pour ceux qui n'ont pas encore reçû leur rembourſement; & à
l'égard de ceux qui ont remis leurs Proviſions & Actes de reception lors de leurs rembourſemens qu'ils ont employé en rentes, ſur la ſimple repreſentation de la nouvelle quittance de Finance, & ſur la copie collationnée de leurs Proviſions & Actes
de reception, dont le Garde du Treſor Royal ſera tenu de leur
fournir copie ſans frais.

VII. Leurs veuves, enfans ou heritiers, porteurs de Liquidations ou Contrats de rentes ſur la Ville, ſur les Tailles ou Provinciales qui ont été donnez pour rembourſement des anciens
Offices, auront la même préférence que les anciens Officiers,
& il ſera expedié de nouvelles Proviſions à ceux qu'ils auront
nommez pour être reçûs & inſtallez en la maniere qu'il ſe
pratiquoit avant l'Edit de Septembre 1719.

VIII. Voulons que ceux qui ſeront pourvûs deſdits Offices, &
qui n'auront pas été Titulaires des anciennes Charges, ne payent
que le quart des droits qu'ils devroient payer pour le Marc d'or,
ſceau, reception & autres frais des premieres proviſions qui leur

B

seront expediées en exécution du preſent Edit, pour cette fois
ſeulement.

IX. Pourront les pourvûs des anciennes charges acquerir un
ou pluſieurs Offices preſentement créez dans la même Communauté, ou dans differentes Communautez, même ſe réunir en
Communauté comme ils étoient précédemment pour en réduire le nombre.

X. Permettons aux Officiers des differentes Communautez
créez par le preſent Edit, de faire la levée & perception des
Droits qui leur ſont attribuez, ou d'en charger les Commis &
Prépoſez par l'Adjudicataire de nos Fermes générales pour la
perception de nos droits, qui ſeront tenus de faire celle deſdits
Officiers, à la remiſe ſeulement de quatre deniers pour livre du
produit de leurs droits : Leur permettons pareillement de commettre à l'exercice & fonction deſdits Offices, de l'agrément
des Sieurs Lieutenant General de Police, Prévôt des Marchands
& Echevins, chacun en ce qui les concerne, telles perſonnes
qu'ils jugeront à propos, ſur leur ſimple procuration paſſée pardevant Notaires, dont ils demeureront civilement garants &
reſponſables ; & ſeront leſdits Commis tenus de ſe faire recevoir
pardevant leſdits Sieurs Lieutenant General de Police, Prevôt
des Marchands & Echevins de la Ville de Paris, ainſi qu'il eſt
d'uſage.

XI. Voulons que les Creanciers des anciens Officiers conſer-
vent leurs hipoteques & privileges ſur les Offices établis par le
preſent Edit & ſur la finance d'iceux, ainſi qu'ils l'avoient avant
leur ſuppreſſion. Permettons aux Acquereurs des Offices créez
& rétablis d'emprunter les ſommes qu'ils Nous payeront, outre
celles de leurs liquidations, & voulons que ceux qui leur prêteront leurs deniers à cet effet ayent privilege ſpecial pour raiſon
deſdits prêts ſur leſdits Offices, & ſur les droits y attribuez ; à
l'effet dequoi mention en ſera faite dans les Quittances de finance qui leur ſeront expédiées.

XII. Les pourvûs deſdits Offices qui étoient cy devant aſſujettis à une reconnoiſſance annuelle envers l'Hôtel de Ville,
ſeront tenus de payer annuellement pour la conſervation de leurs
Offices, ès mains du Receveur de l'Hôtel de Ville ; ſçavoir, pour
les Offices auſquels il a été attribué des droits, dix livres de reconnoiſſance ; & pour ceux qui n'ont d'autres émolumens que

ceux de leur falaire, cinq livres auffi de reconnoiffance, moyen-
nant laquelle reconnoiffance lefdits Officiers pourront refigner
leurs Offices pardevant Notaires, fans être tenus de faire leur
refignation en perfonne dans ledit Hôtel de Ville, du payement
de laquelle reconnoiffance annuelle, ainfi que pour l'annuel des
Offices cy-après, Nous les avons difpenfez pour l'année dans
laquelle ils feront reçûs, fans que pendant icelle leurs Offices
puiffent être déclarez vacants, non plus que dans les années fub-
fequentes, en payant par eux ladite reconnoiffance annuelle; &
à l'égard des autres Offices qui étoient fujets à l'annuel en nos
Parties cafuelles, voulons qu'ils ne payent à l'avenir que dix livres, à quoy Nous avons réduit & moderé leur annuel, fans
qu'il puiffe être augmenté, ni que lefdits Offices foient fujets à
aucun prêt pour l'avenir, dont Nous les avons difpenfez N'en-
tendons néanmoins déroger aux droits que notre Procureur au
Châtelet avoit par le paffé, fuivant les Edits & Declarations des
Rois nos prédeceffeurs, fur les Offices de Porteurs de Grains
dépendans de la Jurifdiction du Châtelet, au fujet de leur ré
ption, inftallation, ferment & vacations de leurs Offices, dans
lefquels il demeurera confervé pour trente-huit Offices feulement, au lieu de cinquante-cinq; attendu que par le prefent
Edit, Nous avons réduit leur nombre à quatre-vingt, de cent
dix-huit qu'ils étoient.

XIII. Avons maintenu & confirmé les Sieurs Lieutenant Général de Police, Prévôt des Marchands & Echevins de la Ville
de Paris, dans la Police qui leur appartient, chacun en droit foy
fur lefdits Offices créez par le prefent Edit, à la Jurifdiction def-
quels & pour les cas chacun les concernans, lefdits Officiers demeureront affujettis fuivant l'ancien ufage, & les titres primor-
diaux de leur établiffement, fans aucune novation ni attribution
nouvelle. Voulons que la Jurifdiction, Police & connoiffance de
tout ce qui concerne les Marchandifes de Poiffon, tant d'eau
douce que de Poiffon de Mer, frais, fec & falé, & droits fur
icelles, foit & appartienne à notre Cour de Parlement en premiere inftance, & en la même forme & maniere qu'avant l'Edit
de fuppreffion du mois de Septembre 1719.

XIV. Les Bourgeois de notre bonne Ville de Paris, & ceux à
qui Nous aurions pû accorder quelques exemptions par des Edits
& Arrefts, feront & demeureront confervez dans tous leurs

droits, privileges & exemptions pour les denrées de leur crû, en faifant enregiftrer leurs titres, & rapportant des certificats en bonne forme, fuivant notre Declaration du 15. May 1722. qui fera executée à cet égard felon fa forme & teneur.

XV. Voulons qu'en attendant la vente defdites Charges & Offices, en conformité des Rolles qui feront arrêtez en notre Confeil, la perception & régie des droits foit faite par nos Fermiers defdits droits, au moyen dequoy les Commiffions qui pourroient avoir été délivrées par les Sieurs Lieutenant General de Police, Prevôt des Marchands & Echevins de Paris, pour la perception & régie defdits droits & fonctions des Offices mentionnez au prefent Edit, demeureront fupprimez du jour de la publication qui en fera faite. Si DONNONS EN MANDEMENT à nos amez & feaux Confeillers les Gens tenans notre Cour de Parlement, Chambre des Comptes & Cour des Aydes à Paris, que le prefent Edit ils ayent à faire lire, publier & regiftrer, & le contenu en icelui garder, obferver & executer felon fa forme & teneur, nonobftant tous Edits, Declarations, Arrefts & Reglemens à ce contraires, aufquels Nous avons dérogé & dérogeons par le prefent Edit; aux copies duquel collationnées par l'un de nos amez & feaux Confeillers & Secretaires, Voulons que foy foit ajoûtée comme à l'original : CAR tel eft notre plaifir; & afin que ce foit chofe ferme & ftable à toûjours, Nous y avons fait mettre notre Scel. DONNE' à Verfailles au mois de Juin, l'an de grace mil fept cens trente, & de notre Regne le quinziéme. *Signé*, LOUIS. *Et plus bas*, Par le Roy, PHELYPEAUX. *Vifa*, CHAUVELIN. Vû au Confeil, ORRY. Et fcellé du grand Sceau de cire verte, en lacs de foye rouge & verte.

Regiftré. oüy, ce requerant le Procureur Général du Roy, du très exprès commandement du Roy, à la Cour donné à entendre par la réponfe faite par ledit Seigneur Roy aux remontrances de ladite Cour, pour être ledit Edit éxecuté felon fa forme & teneur; en confequence les liquidations & les Contrats de rentes fur l'Hôtel de Ville, fur les Tailles ou Rentes Provinciales, qui auront été donnez en payement des nouveaux Offices créez & rétablis par le prefent Edit, demeureront éteints & fupprimez, & mention en fera faite tant fur les minuttes que fur les groffes defdits Contrats, à la décharge du Roy; le tout fans approbation d'autres Tarifs & Arrefts y énoncez, que ceux

defdits

*defdits Tarifs enregiftrez en la Cour & Arrefts de ladite Cour; &
jufques à ce que les Charges créées par le prefent Edit ayent été levées,
fera fous le bon plaifir du Roy pourvû aux fonctions des Commis révoquez par l'Article XV. du prefent Edit, par le Lieutenant General de Police & par le Prévòt des Marchands, chacun en ce qui
les concerne : Sera en outre ledit Seigneur Roy très-humblement fup-
plié en tout temps & en toute occafion, de vouloir bien, auffi tòt que
l'etat de fes affaires le pourra permettre, diminuer le nombre de ces
nouveaux Offices, enfemble la quotité des Droits qui y font attribuez, & pourvoir le plûtòt qu'il fera poffible au foulagement de fes
peuples par l'extinction des impofitions qui leur font les plus onereu-
fes, ainfi qu'il a plû audit Seigneur Roy de le faire efperer par le
prefent Edit, fuivant & conformément à l'Arreft de ce jour. A Paris
en Parlement, le trente-uniéme jour d'Août mil fept cent trente.
Signé, DUFRANC.*

*Regiftrées en la Chambre des Comptes, oüy & ce requerant le
Procureur General du Roy, pour eftre executées felon leur forme
& teneur, en confequence que les Liquidations, Contracts de rentes
fur l'Hôtel de Ville, fur les Tailles ou rentes Provinciales qui auront été données en payement des nouveaux Offices créez & rétablis
par le prefent Edit, demeureront éteints & fupprimez, dont mention
fera faite tant fur les minuttes & groffes defdits Contracts, que
fur les quittances de finance à la décharge du Roy, & fera tenu
le Treforier des Revenus cafuels, de faire mention tant fur fes Re-
giftres que dans les quittances de finance defdits nouveaux Offices,
des differentes natures d'effets & efpeces qui luy feront fournis en
payement par les Acquereurs defdits Offices, & fans préjudice des
Privileges des Bourgeois de la Ville de Paris, qui demeureront
maintenus & confervez en leur entier, fans pouvoir eftre affujettis à
autres formalitez ou tenus de rapporter autres titres que ceux prefcrits
par l'Article XVIII. de l'Edit du mois de May mil fept cent
quinze, conformément à l'Arreft de la Chambre du deux Juin mil
fept cent vingt-deux, intervenu à l'enregiftrement de la Declaration
du Roy du quinze May audit an, & à la charge que ceux qui
feront la perception & régie defdits droits au profit du Roy, foit à
titre de Fermiers, foit à titre de Regiffeurs en attendant la vente
defdits Offices, d'en compter en la Chambre dans le temps de l'Ordonnance : Et fera fa Majefté très-humblement fuppliée en tout*

C

temps & en toutes occasions de vouloir bien sitôt que l'état de ses affaires le pourra permettre, diminuer le nombre des nouveaux Officiers créez ou rétablis par le présent Edit, ensemble la quotité des droits qui y sont attribuez, & de pourvoir le plûtôt qu'il sera possible au soulagement de ses peuples par l'extinction des impositions qui leur sont les plus onereuses, ainsi qu'il a plû à sa Majesté de le faire esperer par le present Edit. Les Bureaux assemblez le dix-sept Novembre mil sept cent trente. Collationné. *Signé,* DUCORNET.*

Registrées en la Cour des Aydes, oüy ce requerant le Procureur General du Roy, pour estre executées selon leur forme & teneur, en consequence que les Liquidations & les Contracts de rentes sur la Ville, sur les Tailles ou rentes Provinciales, qui auront été donnez en payement des nouveaux Offices créez & rétablis par le present Edit, demeurcront éteints & supprimez, dont mention sera faite tant sur les minuttes & grosses desdits Contracts, que sur les quittances à la décharge du Roy, sans préjudice des privileges des Bourgeois de Paris, qui demeureront maintenus & conservez en leur entier, sans pouvoir être assüjettis à autres formalitez ou tenus de rapporter autres titres que ceux prétextez par l'Article XVIII. de l'Edit du mois de May mil sept cent quinze, conformément à l'Arrest de la Cour du douze Juin mil sept cent vingt-deux, intervenu sur l'enregistrement de la Declaration du Roy du quinze May audit an; à la charge que les procès qui surviendront pour raison des droits dont la connoissance est attribuée par appel en la Cour, seront portez en premiere instance pardevant le Lieutenant General de Police & Prévôt des Marchands & Echevins de Paris, & les Officiers de l'Election de la même Ville, en la maniere accoutumée, chacun pour ce qui les regarde, sauf l'appel en la Cour, & ce conformément aux anciens Edits & Declarations du Roy concernant lesdits Offices, à l'Ordonnance des Aydes du mois de May mil six cent quatre-vingt, à l'Arrest du Conseil du deux Decembre mil sept cent quatre, & aux Arrests de la Cour des douze Juin mil six cent quatre-vingt deux, vingt-deux Aoust mil six cent quatre-vingt six, & vingt-neuf Janvier mil sept cent vingt-huit, intervenus sur l'enregistrement de la Declaration du quinze May mil sept cent vingt-deux, des Lettres patentes du douze Juillet mil sept cent vingt-six, & du Bail des Fermes generales du Roy, fait à Pierre Carlier le dix-neuf Aoust mil sept cent vingt-six : Et sera sa Ma-

jeſté en outre très-humblement ſuppliée en tout temps & en toutes occaſions de vouloir bien auſſi-tôt que l'état de ſes affaires le pourra permettre, diminuer le nombre des nouveaux Officiers créez ou rétablis par leſdites Lettres, enſemble la quotité des droits qui y ſont attribuez, & de pourvoir le plûtôt qu'il ſera poſſible au ſoulagement de ſes peuples, par l'extinction des impoſitions qui leur ſont les plus onereuſes, ainſi qu'il a plû à ſa Majeſté de le faire eſperer par ledit Edit. A Paris en la premiere Chambre de ladite Cour des Aydes, le vingt-deux Decembre mil ſept cent trente. Collationné, Signé, D A R B O U L I N.

TARIF GENERAL

Des Droits attribuez aux Officiers des Communautez ſur les Ports, Quais, Halles, Places & Marchez de la Ville, Fauxbourgs & Banlieüe de Paris, créés & rétablis par Edit du mois de Juin 1730.

COMMISSAIRES JUREZ-VISITEURS Inſpecteurs, Meſureurs & Controlleurs des Bois à bâtir, œuvrez & à œuvrer, Sciage & Charonnage.

Suivant le Tarif du 20. Juin 1724.

f du 20. Juin 1724.
g. 6.
Bois de Brin non flotté.

POur chaque cent de bois de Brin non flotté, de toutes longueurs & groſſeurs, reduit au cent de piéces, & cent pour mille, ſera payé ſoixante quinze livres dix ſols, cy   75. liv. 1 oſ.

Pour chaque voye dudit bois de Brin non flotté, entrant par terre, compoſé de quatorze piéces, reduites, fournies, dix livres, cy   10.

Bois de Brin flotté.
Pour chaque cent de bois de Brin, flotté, reduit & fourni comme deſſus, ſoixante livres, cy   60.

Pour chaque voye dudit bois de Brin flotté, entrant par terre, la voye compoſée comme deſſus, ſept livres dix ſols, cy   7. 10.

Solives non flottées.
Pour chacun cent de ſolives non flottées de tou-

<table>
<tr><td>Tarif du 20. Juin 1724.
page 7.</td><td>tes longueurs, reduites à deux toifes pour piece, & fournies comme le bois de Brin, foixante dix livres dix fols, cy</td><td>70. l. 10. f.</td></tr>
</table>

Pour chaque voye de folives non flottées, entrant par terre ou par eau, compofée de quatorze folives de douze pieds reduites, fournies, dix livres quatre fols, cy   10. 4.

Solives flottées.   Pour chacun cent de folives flottées, de toutes longueurs, reduites & fournies comme deffus, entrant par terre ou par eau, foixante livres quatre fols, cy   60. 4.

Pour chaque voye de folives flottées, venant par terre, la voye compofée de quatorze folives de douze pieds reduite & fournie, huit livres douze fols, cy   8. 12.

Poteaux non flotés.   Pour chaque cent de poteaux de toutes longueurs, non flotés, reduits à trois toifes par piece, fournis comme le bois de Brin, cinquante trois livres feize fols, cy   53. 16.

Pour chaque voye de poteaux non flottez, compofée de quarante deux toifes, fournies à trois toifes pour pieces, entrant par terre ou par eau, huit livres deux fols, cy   8. 2.

Poteaux flotés   Pour chaque cent de poteaux flottés de toutes longueurs, réduits à trois toifes pour piéce, fournis comme le bois de Brin, quarante quatre livres deux fols, cy   44. 2.

Pour chacune voye defdits poteaux flottés, entrant par terre, compofée comme celle du non floté, fix livres neuf fols, cy   6. 9.

Membrures & Chevrons.   Pour chacun cent de chevrons & membrures, chênes flottés & non flottés, de toutes longueurs, réduits à la piece; fçavoir, à quatre toifes de membrures pour piece, à quatre toifes & demie de chevrons de quatre pouces de gros, & les autres groffeurs à proportion, fournies comme deffus, quarante-quatre livres deux fols, cy   44. 2.

Pour chacune voye de membrures & chevrons de chênes flottez & non flottez, arrivant par terre, la voye compofée de cinquante fix toifes de membrures, foixante-trois toifes de chevrons de quatre pouces, & quatre vingt-quatre toifes de chevrons de trois à quatre pouces de gros, fix livres neuf fols, cy   6. 9.

Planches de Chêne.   Pour chacun cent de toifes réduites & fournies de quatre au cent de fciage en planches de chêne flotées, de douze pieds de long, & d'un pouce d'épaiffeur, quatorze livres, cy   14

Pour

Tarif du 20. Juin 1724.
pages 8. & 9.

Pour chacun cent de toifes réduites & fournies comme deffus de planches de chefne, de neuf pieds de long, d'un pouce d'épaiffeur, douze livres deux fols, cy   12. l. 12. f.

Pour chacun cent de toifes reduites & fournies comme deffus de planches de chefne, de fix pieds de long, d'un pouce d'épaiffeur, fept livres dix fols, cy   7. 10.

Les planches de fix, neuf & douze pieds de long, d'un pouce & demi d'épaiffeur, feront tiercées, & celles de deux pouces feront doublées & réduites à la toife comme deffus, à proportion dequoy les droits feront pareillement tiercez & doublez.

Doffes de chefne,

Les doffes de chefne & entrevoux de toutes longueurs feront comptées trois toifes pour deux, & les droits feront perçûs comme de la Planche, à proportion des longueurs.

Bois femi-plats & femi-quarts.

Pour les bois femi-plats & femi-quarts, ils feront réduits & fournis comme la charpente, & les droits payez fur le même pied.

Bois ronds & en grumes.

Pour les bois ronds & en grumes, ils feront réduits & fournis comme le bois de Brin, & les droits en feront payez fur le même pied.

Planches de chefne flottées.

Pour chacune voye de Planches de chefne flottées, entrant par terre, compofée de foixante-dix-huit toifes d'un pouce d'épaiffeur, & les autres longueurs & épaiffeurs à proportion, fix livres un fol, cy   6. l. 1.

Planches & Doffes de chefne non flottées.

Pour les Planches & doffes de chefne non flottées, elles feront réduites & fournies comme les Planches & Doffes de chefne flottées, & les droits payez fur le même pied.

Bois de hêtre, fapin, & Bois blanc flotté & non flotté.

Pour chaque voye de Bois de Hêtre, Sapin & Bois blanc, flotté & non flotté, entrant tant par terre que par eau, en planches, membrures, poteaux & doffes, la doffe réduite à neuf pieds pour toife, & la voye compofée de cent quatre toifes, dix livres fept fols, cy   10. l. 7.

Tarif du 20. Juin 1724.
pages 9. & 10.

Etaux de hêtre.

Pour chaque cent de toifes d'étaux de hêtre réduits & fournis de quatre au cent, fans diminution des doffes, quatre-vingt feize livres fix fols, cy   96. l. 6.

Pour chacune voye d'étaux de hêtre, entrant tant par terre que par eau, la voye compofée de dix toifes d'étaux, dix livres, cy   10.

Planches Voliches.

Pour chacun cent de toifes de planches voliches, flottées, réduites & fournies comme deffus, deux livres quatorze fols, cy   2. l. 14.

Pour chacune voye de planches voliches, non flottées, entrant par terre ou par eau, la voye compo-

D

Tarif du 20. Juin 1724. page 10.
Goberges.

sée de trois cent, réduites & fournies, dix livres sept sols, cy ... 10. l. 7. f.

Pour chacun millier de goberges, réduites à quatre pieds, & fournies comme dessus, le millier faisant deux voyes, treize livres neuf sols, cy ... 13. 9.

Pour chacune voye de goberges. entrant tant par eau que par terre, réduite & fournie comme dessus, composée de cinq cent, sept livres seize sols, cy ... 7. 16.

Sciage en table de noyer.

Pour chacun cent de toises de sciage, flotté, en table de noyer, réduites & fournies de quatre au cent, vingt-huit livres, cy ... 28.

Pour chaque voye de table de noyer flotté, entrant par terre ou par eau, la voye composée de dix toises de table, trois livres, cy ... 3.

Noyer en planches, membrures & poteaux.

Pour chaque cent de toises de sciage de noyer en planches, membrures & poteaux, entrant par terre & par eau, réduites & fournies de quatre au cent, les cent quatre toises composant la voye ordinaire, onze livres seize sols, cy ... 11. 16.

Cormier, Poirier, Noyer & autres en sciage.

Pour chaque cent de toises réduites & fournies comme dessus, de cormier, poirier, & autres, en sciages, les cent quatre toises faisant la voye ordinaire, onze livres seize sols, cy ... 11. 16.

Pour chaque voye de table de cormier non flotté, entrant tant par terre que par eau, les dix tables faisant la voye, cinq livres dix sols, cy ... 5. 10.

Pour chaque voye de noyer, cormier, & poirier non flotté, entrant par terre & par eau, la voye composée de cent quatre morceaux réduits à six pieds, quatorze livres, cy ... 14.

Pour les gueridons, morceaux de noyer & autres épaisseurs, ils seront réduits à la toise, chaque toise comptée pour deux morceaux, & les droits en seront payez comme dessus.

Contre-latte de sciage.

Pour chacune voye de contre-lattes de sciages, réduites à six pieds, entrant par terre ou par eau, la voye composée de quarante bottes, qui font deux cent contre-lattes réduites, neuf livres cinq sols, cy ... 9. 5.

Tarif du 20. Juin 1724. page 11.
Latte à Ardoise.

Pour chacune voye de lattes à ardoises, fournies de quatre au cent, entrant par terre ou par eau, la voye composée de cent quatre bottes, onze livres six sols, cy ... 11. 6.

Latte quarrée.

Pour chacune voye de lattes quarrées, fournies de quatre au cent, entrant par terre & par eau, la voye composée de cent quatre bottes, onze livres six sols, cy ... 11. 6.

<table>
<tr><td>

Tarif du 20. Juin 1724.
page 11.
Perches d'aulne & fresne.

</td><td>

Pour chacune voye de perches d'aulne & fresne, fournies de quatre au cent, la voye composée de cent quatre, tant grosses que petites, par eau & par terre, sept livres onze sols, cy

</td><td>

7. l. 11. f.

</td></tr>
</table>

Pour vingt-six toises, faisant la voye de bois de moule, tant par eau que par terre, sept livres onze sols, cy   7. 11.

Merrain, Panneau, Parquet & Courson.

Pour chaque voye de merrain, panneau, parquet & courson, entrant tant par terre que par eau, composée de six cent pieds pour le merrain, & de trois cent pour le panneau, parquet & courson, fournis & réduits, quatre livres dix-sept sols, cy   4. 17.

Pour les autres longueurs la voye payera à proportion,

Echalas.

Pour chaque cent de bottes d'échalas, réduits à la toise, & fournis des quatre au cent; sçavoir l'espalier de vingt-cinq brins à la botte, & le quarantain de quarante brins, les cent bottes de six pieds faisant trois voyes, & la voye composée de cinquante-deux bottes de quatre pieds de long, vingt-une livres dix sols. cy,   21. 10.

Pour chaque voye de bottes d'échalas, fournis de quatre pieds de long, entrant par terre ou par eau, la voye composée de cinquante-deux bottes, & les autres longueurs réduites à proportion, sept livres, cy   7.

Tarif du 20. Juin 1724.
pages 12. & 13.
Goutieres.

Pour chaque cent de toises de gouttieres, réduites & fournies des quatre au cent, le cent faisant deux voyes, trente-six livres, cy   36.

Pour chacune voye desdites gouttieres, réduites & fournies comme dessus, la voye composée de cinquante-deux toises, entrant par terre ou par eau, dix-huit livres, cy   18.

Noyer, cormier, poirier, &c. en grumes ou loupes.

Pour chaque voye ou charrettée de noyer, cormier, poirier, & autre semblable qualité, en grumes ou loupes, évaluée comme elle l'étoit par le Tarif des Chargeurs, neuf livres seize sols, cy   9. 16.

Sapin foncine.

Pour chaque chariot chargé de sapin foncine, neuf livres six sols, cy   9. 6.

Boissellerie & Raclerie.

Pour chaque voye de Boissellerie & Raclerie, entrant par terre ou par eau, la voye reglée aux quantitez qui suivent, deux livres quatorze sols, cy   2. 14.

Seilles.

Quatre cent de seilles garnies de leurs bordures & fournies de vingt au cent.

Pelles, Jattes, Poulies, Arsons & Rondeaux.

Six cent de pelles, jattes, poulies, arsons & rondeaux, fournies de quatre au cent.

Sabots.

Quatre grosses de sabots composées de soixante

Tarif du 20. Juin 1724. page 13.

Battoirs, Ecuelles, Lanternes & Soufflets.

Croissants, Bâts & Courbes.

Atelles & pelles de four.

Fourreaux d'épées.

Torches & manches de ballais.

Toutes autres especes.

Bringes de Bouleau.

Ozier.

Cercles.

Bois de Charonnage.

Gentes.

Rayes.

Essieux.

Empannons.

Bois a debiter.

Brancards de sciage.

Roulon.

Tarif du 20. Juin 1724. pages 13. & 14.

Brancards & Timons.

Coquilles.

Lisoirs.

Moutons.

Flêches.

Armons.

Fresne.

dix-huit poignées, & chaque poignée de deux paires de sabots.

Douze cent de Battoirs, Ecuelles & Lanternes fournies.

Huit cent soufflets fournis de quatre au cent.

Cinq cent de Croissans, de Bâts & Courbes, fournis aussi de quatre au cent.

Cinquante-deux bottes d'Atelles & de Pelles de four.

Douze cent bottes de Fourreaux d'Epées, fournis comme dessus.

Cinquante-deux bottes de Torches & manches de Ballais.

Et pour toutes autres especes non comprises dans le present Tarif, à proportion.

Pour cent quatre bottes de Bringes de Bouleau, servant à faire des Ballais, entrant par terre & par eau, deux livres, cy — 2. l.

Pour cinquante-deux bottes d'Ozier, deux livres quatorze sols, cy — 2. 14. s.

Pour vingt-cinq Moles de Cercles à Cuve, deux livres quatorze sols, cy — 2. 14.

Pour cinquante-deux Moles de Cercles à muid, deux livres quatorze sols, cy — 2. 14.

Et pour les autres à proportion.

Pour chaque voye de bois Charonnage flotté en train, six livres quatre sols, cy — 6. 4.

Pour chaque voye de Charonnage non flotté, entrant par terre ou par eau, reglée & fixée aux quantitez d'especes suivantes, huit livres seize sols, cy — 8. 16.

Cent quatre Gentes.

Cent quatre Rayes.

Vingt-six toises d'Essieux de sept pouces.

Trente toises d'Empannons de six pouces de grosseur.

Vingt-six morceaux de bois à debiter,

Trente toises de Brancards de sciage.

Cinquante-deux bottes de Roulons de quatre pieds de long.

Vingt-six toises de Brancards & Timons de sept pouces de grosseur.

Vingt-six Coquilles de trois pieds & demi de long.

Vingt-six Lisoirs de trois pieds & demi de long.

Soixante-quinze Moutons de trois pieds & demi de long.

Huit Flêches.

Huit toises d'Armons.

Huit toises de Fresne de neuf, dix, onze, douze pouces de grosseur. Pour

Tarif du 20. Juin 1724.
page 13. & 14.

Pour les frênes au-deſſous de neuf pouces, & ceux au-deſſous de douze pouces, il en ſera fait, comme par le paſſé des évaluations, & les droits en ſeront payez comme deſſus,

Moyeux.

Cinq toiſes de moyeux.
Les moyeux au-deſſus de douze pouces de groſ-ſeur ſeront évalués, & les droits en ſeront auſſi payés comme deſſus.

Timons.
Sciage d'ormes.

Vingt-ſix timons de neuf pieds de long,
Cent quatre toiſes de ſciage d'ormes d'un pouce d'épaiſſeur.

Toutes autres eſpeces.

Et pour toutes les autres eſpeces, non compriſes ou obmiſes, les droits en ſeront payés à proportion de leurs qualités, groſſeurs & longueurs,

INSPECTEURS CONTROLLEURS
des Déchireurs de Batteaux, ſuivant le Tarif du 20. Juin 1724.

Batteaux.

Pour chaque Batteau qui ſera vendu pour être dé-chiré, de telle grandeur & qualité qu'il ſoit, ſans au-cun excepter, dans tous les Ports d'Amont & d'Aval, Boſſe de Marne, Port à l'Anglois, Seure & dépen-dances, onze livres, cy   11. l.
Et en outre le ſol pour livre du prix de la vente de chacun deſdits batteaux.

Tarif du 20. Juin 1724.
pag. 15.

CONTROLLEURS MARQUEURS,
Eſſayeurs de l'Etain, ſuivant le Tarif du 20. Juin 1724.

Etain.

Pour chaque livre d'étain œuvré fin, ſonnant, com-mun, neuf deniers, cy   9. d.

CONTROLLEURS, VISITEURS,
Marqueurs de toutes ſortes de Papiers & Cartons, ſuivant le Tarif du 20. Juin 1724.

Papier à écrire.

Pour chaque Rame de papier à écrire, nommé Pe-tit à la main, papier à Pot, Bâton Royal ou Petit Raiſin, Telliere, ou autres noms & marques de mê-me grandeur, huit ſols, cy   8. ſ.

Papier à envelope & de couleur.

Pour chaque Rame de papier à envelope, gris, broüillard, bleu, rouge, jaune, verd, & autres cou-leurs ſans mélange, huit ſols, cy   8.

Papier marbré,

Pour chaque Rame de papier marbré commun,

E

Tarif du 20. Juin 1724. page 15.

venant de Roüen ou autres lieux du Royaume, quinze sols, cy   15. C

Pour chaque Rame de papier marbré, venant d'Allemagne ou autres païs étrangers, une livre cinq sols, cy   1. 5.

Doré ou argenté.

Pour chaque Rame de papier doré ou argenté à grandes & petites fleurs, venant d'Allemagne & auttes Païs étrangers, quatre livres, cy   4.

Petite Fleur-de-lis, Jesus, &c.

Pour chaque Rame de papier à estampes ou à dessiner, petite Fleur-de-lis, Jesus, Chapalet. Limousin ou Auvergne, une livre, cy   1.

Grand Colombier, &c.

Pour chaque Rame de papier à estampes ou à dessiner, appellé grand Colombier, grande Fleur-de-lis, Soleil, petit Aigle, Limousin ou Auvergne, trois livres, cy   3.

Grand Aigle, &c.

Pour chaque Rame de papier à estampes ou à dessiner, appellé grand Aigle, grand Louvois & grand Monde, quatre livres, cy   4.

Gris à dessiner.

Pour chaque Rame de papier gris servant à dessiner, quinze sols, cy   15.

Carton.

Pour chaque paquet contenant cinquante feüilles de petit carton de la grandeur d'une feüille de Couronne, ou Champi, dix sols, cy   10.

Pour chaque paquet contenant cinquante feüilles de moyen carton de la grandeur d'une feüille d'Ecu jusqu'au grand Raisin inclusivement, une livre, cy   1.

Pour chaque paquet contenant cinquante feüilles de grand carton au-dessus des grandeurs cy-dessus, une livre dix sols. cy   1. 10.

Pour chaque paquet de carton qui contiendra plus ou moins de feüilles, à proportion de ce qui est fixé pour les grandeurs cy-dessus.

Papier Champy, &c.

Pour chaque Rame de papier servant aux Impressions des Livres, appellé Champy, Couronne, Ecu de toutes especes, Cavalier, Cornet, Carré, Lombard, ou autre nommez & marquez, de même grandeur, n'en sera payé à cause de leur usage que trois sols, cy   3.

Tarif du 20. Juin 1724. pag. 16.

Grand Raisin.

Pour chaque Rame de papier appellé grand Raisin du poids de vingt-cinq livres & au dessous, n'en sera payé par la même raison que cinq sols, cy   5.

Grand Raisin double.

Pour chaque Rame de papier appellé grand Raisin double, au-dessus du poids de vingt-cinq livres, n'en sera payé par la même raison que dix sols. cy   10.

Tarif du 20. Juin 1724.
pag. 17.

INSPECTEURS DES VEAUX,
suivant le Tarif du 20. Juin 1724

Veaux.

Pour chaque veau entrant à Paris par terre ou par eau, quinze sols, cy   15.s.
Et pour chaque livre pesant de toute chair morte de veau, six deniers, cy   6.d.

JUREZ CONTROLLEURS,
Courtiers, vendeurs de la volaille, gibiers,
cochons de lait, agneaux & chevreaux.

Volaille & Gibier.

Le Tarif du 20. Juin 1724. p. 17. a fixé ces droits à trois sols ; mais l'Arrêt du 12. Juillet 1726. p. 5. les a reduits à 2. s. 3. d.

Pour chaque livre du prix desdites marchandises, entrant pour être venduës ou consommées dans ladite Ville & Fauxbourgs de Paris, deux sols trois deniers, suivant la réduction faite par l'Arrêt du 12. Juillet 1726. cy   2.3.d.

JUREZ-MESUREURS
de Charbon de terre, suivant le
Tarif du 20. Juin 1724.

Charbon de terre.

page 18. 14. s. 6. d.
Aux Mesureurs.   9.   6.
Aux Porteurs,   5.
          14. 6.

Pour chaque minot de charbon de terre, neuf sols six deniers, cy   9.6.d.
Et pour chaque voye ou tombereau à proportion du nombre de minots qu'ils contiendront.

JUREZ-PORTEURS DE CHARBON
de terre, suivant le Tarif du 20. Juin 1724.

Pour chaque minot de charbon de terre, cinq sols, cy   5.
Et pour chaque voye ou tombereau à proportion du nombre des minots qu'ils contiendront,

JUREZ-VENDEURS,
Controlleues & Compteurs de marée.

Marée

Tarif du 20. Juin 1724. p. 18 les a fixé à 7. s. 8. d. ; l'Arrest du 12. Juillet 1726. page 5. les a réduit à moitié.

Pour chaque livre du prix de la marée, entrant pour être venduë ou consommée dans la Ville & fauxbourgs de Paris, trois sols dix deniers, suivant la réduction faite par l'Arrêt du 12. Juillet 1726. cy   3. 10. d.

JUREZ-VENDEURS
& Controlleurs du Barrillage & Saline.

Saline.

Tarif du 20. Juin 1724. pages

Pour chaque livre du prix du poisson de mer sec

18. & 20 a fixé les droits de la Saline à 5. fois 1. den. Ceux de l'harang à 8. f. 4. den. l'Asreft du 12. Juillet 1726. pag. 5. les a réduits à moitié.

Harangs.

& falé, entrant pour être vendu ou confommé dans la Ville & Fauxbourgs de Paris, deux fols fix deniers obole, fuivant la réduction faite par l'Arreft du 12. Juillet 1726. cy .... 2. 6. d. ob.

Pour chaque livre du prix des harangs frais & forets, entrant pour être vendus ou confommés dans la Ville & Fauxbourgs de Paris, quatre fols deux deniers, fuivant la reduction faite par l'Arrêt du 12. Juillet 1726. cy .... 4. 2.

Tarif du 20. Juin 1724. pag. 20.

JUREZ - VENDEURS, Controlleurs & Compteurs du Poiffon d'eau douce, fuivant le Tarif du 20. Juin 1724.

Pour chaque livre du prix du poiffon d'eau douce, entrant pour être vendu ou confommé dans la Ville & Fauxbourgs de Paris, deux fols fix deniers, cy .... 2. 6.

Poiffon d'eau douce.

Vins & autres Boiffons.

Tarif du 20. Juin 1724. pag. 20.

Vin marchand compris les droits de falaires, ... 8. l. 11. f.

Ces droits font repartis

Aux Jaugeurs,	18. f.
Vendeurs,	1. l. 2.
Courtiers,	10.
Roulleurs,	15.
Chargeurs,	1.
Infpecteurs de Police	1.
Verificateurs,	15.
Infpecteurs Gourmets,	18,
Gardes-nuit,	11.
Gardes-batteaux,	12.
Planchéeurs,	10.
	8. 11.

JAUGEURS ET MESUREURS fur les Vins, Eau-de-vie fimple & double, Liqueurs, Cidres, Poirez, Vinaigre, Vin gâté & Verjus.

Pour chacun muid réduit defdites boiffons, entrant tant par eau que par terre, pour être vendu ou confommé dans la Ville & Fauxbourgs de Paris pour le compte des Marchands, Bourgeois & Communautez Religieufes, dix-huit fols, faifant partie de ceux du Tarif du 20. Juin 1724. cy .... 18.

Et pour les demi - muids, quarts, demi - quarts, feiziémes & autres vaiffeaux à proportion de toutes lefdites boiffons & liqueurs de chaque efpece.

L'on a fupprimé les 2. d. obole. Tarif du 20. Juin 1724. pag. 22 Vin bourgeois compris les droit. de falaires, 4. l. 5. f. Ces droits font repartis Aux Jaugeurs? 18. Vendeurs, 1. 2. Courtiers, 10. Roulleurs, 15. Chargeurs, 1.	4. liv. 5. f.
Tarif du 20. Juin 1724. pag. 22. Vins des Communautez Religieufes, compris les droits de falaires, 2. l. 10. f. Ces droits font repartis Aux Jaugeurs, 18. Vendeurs, 1. 2. Courtiers, 10.	2. liv. 10. f.

Jurez

JUREZ-VENDEURS.
& Controlleurs de Vins & Liqueurs.

Vins & Liqueurs.

Pour chacun muid réduit de vin & liqueur, entrant tant par eau que par terre, pour être vendu ou confommé dans la Ville & Fauxbourgs de Paris, pour le compte des Marchands, Bourgeois & Communautez Religieufes, vingt-deux fols, faifant partie de ceux du Tarif du 20. Juin 1724. cy 1. l. 2. f.

Et pour demi-muids, quarts, demi-quarts & autres vaiffeaux à proportion.

Vins.

Tarif du 20. Juin 1724. page 22.

Cidres & Poirez, compris les droits de falaires, 2. l. 16. f. 7. d.

Ces droits font repartis

Aux Jaugeurs,	18. f.
Gardes-nuits,	1. l.
Planchéeurs,	10.
Gardes-batteaux,	8.
	2. 16.

L'on a fupprimé 7. deniers.

Vins.

Tarif du 20. Juin 1724. pag. 24.

Liqueurs compris les droits de falaires, cy 5. l. 6. f. 2. d. ob.

Ces droits ont été repartis

Aux Jaugeurs,	18. f.
Vendeurs,	1. l. 2.
Courtiers,	10.
Gardes-nuits,	1.
Gardes-batteaux,	18.
Planchéeurs,	18.
	5. 6.

L'on a fupprimé deux den. ob.

Vins.

Tarif du 20. Juin 1724. pag. 24.

Vins aigres, &c. compris les droits de falaires, 2. l. 5. f.

Ces droits ont été repartis

Aux Vérificateurs,	15.
Infpecteurs Gourmets,	18.
Gardes-nuits,	9.
Planchéeurs,	3.
	2. 5.

COURTIERS COMMISSIONNAIRES
fur les Vins.

Pour chacun muid réduit de vin, entrant tant par terre que par eau, pour être vendu ou confommé dans la Ville & Fauxbourgs de Paris, pour le compte des Marchands, Bourgeois & Communautez Religieufes, dix fols faifant partie de ceux du Tarif du 20. Juin 1724. cy 10.

Et pour les demi-muids, quarts & autres vaiffeaux à proportion.

ROULLEURS DE TONNEAUX.

Pour chacun muid réduit de Vin feulement, entrant tant par eau que par terre, pour être vendu ou confommé dans la Ville & Fauxbourgs de Paris, pour le compte des Marchands & Bourgeois feulement, quinze fols. faifant partie de ceux du Tarif du 20. Juin 1724. cy 15.

Et pour les demi-muids & autres vaiffeaux à proportion.

CHARGEURS ET DE'CHARGEURS
des Vins & Boiffons.

Pour chacun muid réduit de vin feulement, entrant tant par eau que par terre, pour être vendu ou confommé dans la Ville & Fauxbourgs de Paris, pour le compte des Marchands & Bourgeois, vingt-fols, faifant partie de ceux du Tarif du 20. Juin 1724. cy 1.

Et pour les demi-muids & autres vaiffeaux à proportion.

F

du 20. Juin 1724.
page 24.

INSPECTEURS VISITEURS ET
Controlleurs Généraux de Police sur les Vins.

Vins

Pour chacun muid réduit, entrant tant par eau que par terre, pour être vendu & consommé dans la Ville & Fauxbourgs de Paris pour le compte des Marchands, vingt sols, faisant partie de ceux du Tarif du 20. Juin 1724. cy   1.

Et pour les demi-muids & autres vaisseaux à proportion.

VERIFICATEURS DES LETTRES DE
Voiture.

Vin, Vinaigre, & Vin gâté.

Pour chacun muid réduit de vin Marchand, vinaigre & vin gâté, entrant tant par eau que par terre, pour être vendu ou consommé dans la Ville & Fauxbourgs de Paris. quinze sols, faisant partie des droits du Tarif du 20 Juin 1724. cy   15.

Et pour les demi-muids & autres vaisseaux à proporrion.

INSPECTEURS-GOURMETS
sur les Vins.

Vin, Vinaigre & Vin gâté.

Pour chacun muid réduit de vin Marchand, vinaigre & vin gâté, entrant tant par eau que par terre, pour être vendu ou consommé dans la Ville & Fauxbourgs de Paris. dix-huit sols, faisant partie des droits du Tarif du 20. Juin 1724. cy   18.

Et pour les demi-muids & autres vaisseaux à proportion.

GARDES-NUIT.

Vins.

Pour chacun muid réduit de vin Marchand, entrant tant par terre que par eau, pour être vendu & consommé dans la Ville & Fauxbourgs de Paris, onze sols, faisant partie des droits du Tarif du 20. Juin 1724. cy   11.

Liqueurs.

Pour chacun muid réduit des vins de liqueur; entrant de même, vingt sols, faisant partie des droits du Tarif du 20. Juin 1724. cy   1.

Cidres & Poirez.

Pour chacun muid de cidres & poirez, entrant de même, vingt sols, faisant partie des droits du Tarif du 20. Juin 1724. cy   1.

Vinaigre & Vin gâté

Pour chacun muid de vinaigre, & vin gâtez, neuf sols, faisant partie des droits du Tarif du 20. Juin 1724. cy   9.

Et pour les demi muids, quarts, demi quarts, seiziémes & autres vaisseaux à proportion de toutes leſdites boiſſons & liqueurs de chaque eſpece.

Foin.

Pour chacun cent de bottes de foin entrant par eau, huit ſols, faiſant partie des droits du Tarif du 20. Juin 1724. cy .... 8. ſ.

Fayance, Verrerie.
Tarif du 20. Juin 1724.
page 15.

Pour chaque voye de fayance, criſtaux, bouteilles & autres verreries, arrivant par terre ou par eau, douze ſols, compris au Tarif du 20. Juin 1724. cy .... 12.

Tan & Ecorce.
Tarif du 20. Juin 1724.
page 30.

Pour chacun ſac de tan, & écorce ſervant à l'uſage des Tanneurs, du poids ordinaire, arrivant par terre ou par eau, trois ſols compris au Tarif du 20. Juin 1724. cy .... 3.

Marchandiſes œuvres & non œuvres de poids.

Pour chaque cent peſant de toutes ſortes de marchandiſes d'œuvre & non œuvre de poids, comme huile, Epiceries Drogueries, bois d'Inde, Campéche, Canembourg, Quincailleries, Merceries, Laines, Draperies & autres Etoffes de laine & de ſoye, chanvre, filaſſe, coton, crin, bourre, fer, clouds, acier, plomb, Etain brut & non œuvré, arrain, cuivre, leton, fonte, ferrailles, fil de fer, fer-blanc, ſoulte, cendre, gravelée, cuirs crus & ſalez, paſſez & non paſſez de toutes eſpeces, & toutes autres marchandiſes de quelque nature & qualité qu'elles ſoient, expliquées & non expliquées, non compriſes dans les autres articles du preſent Tarif, venant par terre ou ou par eau dans ladite Ville, Fauxbourgs & Banlieuë de Paris, Port à Langlois, Boſſe de Marne, Seure & dépendances, ſera payé trois ſols par les Marchands, Maîtres des Coches ou Voituriers, faiſant partie des droits du Tarif du 20. Juin 1724. cy .... 3.

Tarif du 20. Juin 1724.
page 32.
Ces droits fixés à ſept ſols ont été repartis aux
Gardes-nuit, ... 3.
Gardes-batteaux, ... 2.
Planchécurs, ... 2.
____
7.

GARDES-BATTEAUX, METTEURS
à Port & Equipeurs.

Vins.

Pour chaque muid réduit de vin Marchand entrant tant par eau que par terre pour être vendu & conſommé dans la Ville & Fauxbourgs de Paris, douze ſols, faiſant partie des droits du Tarif du 20. Juin 1724. cy .... 12.

Liqueurs.

Pour chacun muid de vin de liqueur, entrant de même dix-huit ſols, & faiſant partie des droits du Tarif du 20. Juin 1724. cy .... 18.

Cidre & poiré.

Pour chacun muid de cidre & poiré, huit ſols, faiſant partie des droits du Tarif du 20. Juin 1724. cy .... 8.

Et pour les demi muids & autres vaiſſeaux à proportion de toutes leſdites boiſſons & liqueurs.

Foin.

Pour chacun cent de bottes de foin entrant par

eau, sept sols neuf deniers, faisant partie des droits du Tarif du 20. Juin 1724. cy   7. ſ. 9. d.

Marchandises œuvres & non œuvres de poids. Pour chaque cent pesant de toutes sortes de marchandises œuvres & non œuvres de poids cy-devant designées, sera payé par les Marchands, Maîtres des Coches ou Voituriers, deux sols, faisant partie des droits du Tarif du 20. Juin 1724. cy   2.

Tarif du 12. Septembre 1719. pag. 5. 6. & 7. Pour le mettage à port, retournage, le remontage la garde & le renvoi desd. rivieres, à la charge de la garantie desdits batteaux & desdites marchandises comme dessus, moitié des droits du Tarif du 12. Septembre 1719. dont le détail est cy-après à l'article des Débacleurs, ensuite des droits du Tarif du 20. Juin 1724.

Tarif du 20. Juin 1724.

DEBACLEURS PLANCHE'EURS
& Boüeurs.

Vins. Pour chacun muid reduit de vin Marchand, entrant tant par terre que par eau, pour être vendu & consommé dans la Ville & Fauxbourgs de Paris, dix sols, faisant partie des droits du Tarif du 20. Juin 1724. cy   10.

Liqueurs. Pour chacun muid réduit des vins de liqueurs, entrant dans le Ville & Fauxbourgs de Paris, dix-huit sols, faisant partie du Tarif du 20. Juin 1724. cy   18.

Cidre & poirés. Pour chacun muid de cidres & poirez, dix sols, faisant partie des droits du Tarif du 20. Juin 1724. cy   10.

Vinaigre, Vin gâté. Pour chacun muid de vinaigre & vin gâté, trois sols, faisant partie des droits du Tarif du 20. Juin 1724. cy   3.

Et pour les demi-muids & autres vaisseaux à proportion de toutes lesdites boissons & liqueurs.

Foin. Pour chaque cent de bottes de foin entrant par eau, sept sols neuf deniers, faisant partie des droits du Tarif du 20. Juin 1724. cy   7. 9.

Marchandises œuvres & non œuvres de poids. Pour chaque cent pesant de toutes sortes de marchandises d'œuvres & non œuvres de poids, cy-devant désignées, sera payé par les Marchands, Maîtres des Coches ou Voituriers, deux sols, faisant partie des droits du Tarif du 20. Juin 1724. cy   2.

Tarif du 12. Septembre 1719. pag. 5. 6. & 7. Pour le débaclage, la fourniture des planches, d'hommes & d'équipage à ce nécessaires, le nettoïage des ports, l'enlevement des boües sur lesdits ports, moitié des droits du Tarif du 12. Septembre 1719.

Sçavoir.

Sçavoir au Port d'enhaut.

Couplage.
Pour chaque couplage de Margotta, une liv. cy   1. liv.

Touë-Bachot.
Pour chaque Touë-Bachot, dix sols, cy   10.

Bachot.
Pour chaque Bachot, cinq sols, cy   5.

Batteaux de sept toises.
Pour chaque Batteau de sept toises, chargé de foin ou de charbon, quatre livres, cy   4.

Pour chacun desdits Batteaux de sept toises chargé de toute autre marchandise ou denrée, & pour chaque boutique à Poisson, trois liv cy   3.

Bouticlars & Gondoles.
Pour chaque bouticlar & gondole à Poisson, une livre dix sols, cy   1.   10.

Batteaux de huit toises.
Pour chacun des batteaux de huit toises, chargés de foin & de charbon, cinq livres, cy   5.

Pour chacun desdits batteaux de huit toises, chargé de toute autre marchandise ou denrée, quatre livres, cy   4.

Batteaux de dix toises.
Pour chacun des batteaux de dix toises & au dessus, chargez de foin & de charbon, six liv. cy   6.

Pour chacun desdits batteaux de dix toises, chargé de toute autre marchandises ou denrées, cinq livres, cy   5.

Batteaux de pavé.
Chaque batteau chargé de pavé pour le Roi, ne payera que le demi droit.

Au Port d'enbas.

Batteaux de 18. à 28. toises.
Pour les batteaux depuis 18. à 28. toises, payeront par toises cinq sols, cy   5.

Batteaux au dessous de 18. toises.
Pour les batteaux au dessous de dix-huit toises, de quelque grandeur que ce soit, par toise deux sols six deniers, cy   2.   6.

Retournage des Batteaux de Foin.
Et pour le retournage des batteaux de foin, lorsque lesdits Officiers en seront requis, trois liv. cy   3.

Essayeurs, Visiteurs, Controlleurs & Commissionnaires d'Eau-de-vie & Esprit de Vin.

Eau-de-vie & Esprit de Vin.
Tarif du 20. Juin 1724. pag. 24.
Ces droit compris ceux de salaires fixés à 24. l.
Aux Jaugeurs de Vin, 18. s.
Aux Essayeurs d'Eau-de-vie,   23. 2.
—————
24. l.

Pour chaque muid réduit d'Eau-de-vie simple, entrant tant par terre que par eau dans la Ville, Fauxbourgs & Banlieuë de Paris, vingt-trois livres deux sols, faisant partie des droits du Tarif du 20. Juin 1724. cy   23. 2.

Tarif du 20. Juin 1724. pag. 26.
Ces droits compris ceux de salaires, fixez à 32. l.
Aux Jaugeurs,   18. s.
Aux Essayeurs,   31. 2.
—————
32. l.

Pour chaque muid réduit d'Eau-de-vie double, rectifiée, entrant tant par terre que par eau, dans la Ville, Fauxbourgs & Banlieuë de Paris, trente-une livre deux sols, faisant partie des droits du Tarif du 20. Juin 1724. cy   31. 2.

G

Tarif du 20. Juin 1724. p. 26.
Ces droits compris ceux de sa-
laires, fixez à 45. l.
Aux Jaugeurs?   18. s.
Aux Essayeurs,   44. l. 2. s.
———
45. liv.

Pour chaque muid réduit d'Esprit de vin, entrant tant par terre que par eau, quarante-quatre livres deux sols, cy   **44. l. 2. s.**
Et pour les demi muids, quarts de muids, demi-quarts, seiziémes & autres à proportion.

Courtiers Commissionnaires à la vente & revente en gros des vins, cidres, poirez, verjus & vins gâtez.

Tarif du 20. Juin 1724. p. 26.
Vins & vins de liqueurs, cidres, poiré, verjus & vins gâté.

Pour chaque muid réduit jauge de Paris, sur les vins & vins de liqueurs, trois livres cinq sols neuf deniers, suivant le Tarif du 20. Juin 1724. cy   **3. 5. 9. d.**
Pour chaque muid de vente de cidre, poirez, verjus & vins gâtez, huit sols, suivant ledit Tarif, cy   **8.**

Tarif du 20. Juin 1724. p. 24.

Inspecteurs, Controlleurs, Visiteurs & Essayeurs des Bierres.

Bierres.

Pour chaque muid réduit des bierres qui entreront ou se fabriqueront dans la Ville, Fauxbourgs & Banlieuë de Paris, aux entrées ou entonnemens, trente trois sols, suivant le Tarif du 20. Juin 1724. cy   **1. 13.**

Jurez Vendeurs, Controlleurs, Priseurs, Peseurs & Visiteurs de Foin.

Foin & paille.
Tarif du 20. Juin 1724. page 28. a fixé les droits sur les Foins, compris ceux de salaires
à   3. l. 9. s. 6. d.
Ceux de la paille à   2. s.
Ces derniers droits en entier aux Vendeurs, ceux sur le foin repartis aux vendeurs,   2. l. 6. s.
Chargeurs   15. s. 3. d.
Compteurs,   8. s. 3. d.
———
Par terre,   3. l. 9. s. 6. d.

Pour cent bottes de foin entrant par eau & par terre, deux livres six sols, faisant partie du Tarif du 20. Juin 1724. cy   **2. 6.**
Pour chaque cent ce bottes de paille entrant par terre & par eau, deux sols compris audit Tarif, cy   **2.**

Ceux par eau pag. 26. sont fixez à   4. l. 13. s. { Repartis aux Gardes-nuit, 8. s.
Déduction de   3. l. 9. s. 6. d.   Gardes-batteaux,   7. 9.
Reste   1. l. 3. s. 6. d.   Planchéeurs,   7. 9.
———
1. l. 3. 6. }

Jurez Courtiers, Tireurs, Chargeurs, Débardeurs & Bottelleurs de Foin.

Foin & paille.

Pour cent de bottes de foin entrant par eau & par terre, quinze sols trois deniers, faisant partie des droits du Tarif, cy   **15. 3.**

Compteurs de Foin.

Foin.

Pour cent bottes de foin entrant par eau & par terre, huit sols trois deniers, faisant partie des droits dudit Tarif, cy   **8. 3.**

Jurez Mesureurs, Controlleurs & Visiteurs des Grains & Farines.

Avoine.
Tarif du 20. Juin 1724. p. 28 & 29.
Avoine par eau   5. l. 18. s.
Par terre,   4. 17.

Pour chaque muid d'avoine entrant par eau dans

Vesce par eau, 2. 14.
Par terre, 1. 14.
Graines par eau, 2. 14.
Par terre, 1. 7.
Moitié de ces droits aux Mesureurs, l'autre aux Porteurs.

Vesce.

Graines & grainailles.

la Ville, Fauxbourgs & Banlieuë de Paris, deux livres dix-neuf sols, faisant partie des droits du Tarif du 20. Juin 1724. cy — 2. l. 19.

Pour chaque muid entrant par terre, deux livres huit sols six deniers, faisant moitié des droits dudit Tarif, cy — 2. 8. 6.

Pour chaque muid de vesces entrant par eau, vingt-sept sols, faisant moitié des droits dudit Tarif, cy — 1. 7.

En entrant par terre dix-sept sols, faisant moitié des droits dudit Tarif, cy — 17.

Pour chaque muid de graines & grainailles entrant par eau, vingt-sept sols, faisant moitié des droits dudit Tarif, cy — 1. 7.

En entrant par terre, treize sols, six deniers, faisant moitié des droits dudit Tarif, cy — 13. 6.

Suivant le Tarif du 12. *Septembre* 1719.

Pour chaque muid de bled, à raison d'un sol par septier, & pour les petites mesures à proportion, pour le muid douze sols, cy — 12.

Page 4.

Bleds.

Arrêt du 15. Octobre 1710.

Farines.

Pour chaque muid de farines, dix-huit sols, qui est à raison d'un sol six deniers par septier; & pour les petites mesures à proportion, faisant partie des droits du Tarif du 12. Septembre 1719, cy pour le muid dix-huit sols. — 18.

Orge, Vesce & Grenaille.

Pour chaque muid d'orge, de vesce & de grenaille, dix-huit sols, qui est à raison d'un sol six deniers par septier, & pour les petites mesures à proportion, cy pour le muid — 18.

Avoine.

Pour chaque muid d'avoine, une livre quatre sols, qui est à raison de deux sols le septier, & pour les petites mesures à proportion, cy pour le muid, une livre quatre sols. — 1. 4.

Jurez Porteurs de Grains & Farines, Leveurs de minots & autres mesures, & Briseurs de Farine.

Avoine.

Pour chaque muid d'avoine, entrant par eau dans la Ville, Fauxbourgs & Banlieuë de Paris, deux livres dix-neuf sols, faisant l'autre moitié des droits du Tarif du 20. Juin 1724. cy — 2. 19.

Pour chaque muid entrant par terre, deux livres huit sols six deniers, faisant l'autre moitié des droits du Tarif du 20. Juin 1724. cy — 2. 8. 6.

Vesce.

Pour chaque muid de vesces entrant par eau, vingt-sept sols, faisant l'autre moitié des droits du Tarif du 20. Juin 1724. cy — 1. 7.

Graines & grainailles.

En entrant par terre dix-sept sols, *Idem.*   17. s.

Pour chaque muid de graines & grainailles entrant par eau, vingt-sept sols, faisant l'autre moitié du Tarif du 20. Juin 1724. cy   1. 7.

En entrant par terre, treize sols six deniers, *Idem.*   13. 6.

Page 2. 3. & 4.

Suivant l'Arrêt & Tarif du 15 Octobre 1720.

Pour les Halles, Marchez.

Décharge du bled, &c.

Pour la décharge par terre d'un muid de bled, seigle & meteil, farine, orge, avoine & toutes sortes de graines & grainailles, huit sols, cy   8.

Et pour un septier, huit deniers, cy   8.

Bled, Seigle & méteil.

Pour fournir la jalle, faire le travail, délier le sac, verser dans la jalle, emplir le minot & le verser dans les sacs des acheteurs, pour chacun muid de bled, seigle & méteil, quatorze sols, cy   14.

Et pour un septier, quatorze deniers, cy   1. 2.

Orge, &c. Graine, &c.

Pour fournir la jalle, faire le travail, délier le sac, verser dans la jalle, emplir le minot & le boisseau, & le verser dans les sacs des acheteurs, par chaque muid d'orge, pois, vesce, féves & toutes sortes de graines & grainailles, dix-huit sols, cy   18.

Et pour un septier, un sol six deniers, cy   1. 6.

Avoine.

Pour fournir la jalle, & faire pareil travail, par chacun muid d'avoine, vingt-quatre sols, cy   1. 4.

Pour un septier, deux sols, cy   2.

Farine.

Pour fournir la jalle, faire le travail, délier le sac, verser dans la jalle, briser par le Commis, porter la farine blutée ou non blutée; emplir le minot ou le boisseau & le verser dans les sacs des acheteurs, par chacun muid de farine, vingt-quatre sols, cy   1. 4.

Pour un septier, deux sols, cy   2.

Relevement & rechargement du Bled,

Pour relever & recharger un muid de bled, seigle, méteil, orge, pois, féves, vesce & toutes sorgraines & grenailles, dix sols, cy   10.

Pour un septier, dix deniers. cy   10.

Avoine.
Rechargement.

Pour relever & recharger un muid d'avoine, douze sols, cy   12.

pour un septier, un sol, cy   1.

Farine idem.

Pour relever & recharger un muid de farine, dix sols, cy   10.

Peur un septier dix deniers, cy   10.

Bled, Farine, porté à col.

Pour porter à col le bled ou la farine chez le bourgeois, tant près que loin, par minot cinq sols, cy   5.

Et par septier, dix sols, cy   10.

Avoine pour les Bourgeois.

Pour faire conduire un muid d'avoine chez le bourgeois,

geois, fournir de charrette, de facs, & de monteurs pour le monter ès greniers des bourgeois, y compris les douze fols de relevage, fix livres feize fols, cy **6. l. 16. f.**

Et pour un feptier, onze fols quatre deniers, cy **11. f. 4. d.**

Pour les Ports & Quais.

Bled, &c. & Grenailles. Pour la décharge du batteau à terre, en charette ou fur chevaux, tant près que loin, d'un muid de bled, feigle méteil, farine, orge, pois, féves, vefce & toutes fortes de grains, graines & grenailles, vingt-quatre fols, cy **1. 4.**

Et pour un feptier deux fols, cy **2.**

Avoine. Pour la décharge d'un muid d'avoine du batteau à terre, en charette, ou fur chevaux, tant près que loin, trente fix fols, cy **1. 16.**

Pour un feptier, trois fols, cy **3.**

Et pour un feptier en un fac, trois fols, cy **3.**

Bled, Seigle, Méteil. Pour fournir de jalle, faire le travail, délier le fac, verfer dans la jallé, remplir le minot & le verfer dans dans le fac des acheteurs, par chacun muid de bled feigle & méteil, neuf fols, cy **9.**

Et pour un feptier, neuf deniers, cy **9.**

Orge, &c. & Grenailles. Pour fournir de jalle, & faire pareil travail, par chacun muid d'orge, pois, féves, vefces, grains, graines & grenailles, neuf fols, cy **9.**

Et pour un feptier, neuf deniers, cy **9.**

Avoine. Pour fournir de jalle, s'ils en font requis, & faire pareil travail, par chacun muid d'avoine, quinze fols, cy **15.**

Et pour un feptier, un fol trois deniers, cy **1. 3.**

Farine. Pour fournir une jalle, & faire pareil travail, avec le brifage des farines par le Commis porteur, pour chacun muid de farine vingt-quatre fols, cy **1. 4.**

Pour un feptier deux fols, cy **2.**

Bled, &c. & Grenailles. Pour relever & recharger un muid de bled, feigle & méteil, orge & pois, féves & vefces, & toutes fortes de grains, graines & grainailles, douze fols, cy **12.**

Pour un feptier un fol, cy **1.**

Avoine. Pour relever & recharger un muid d'avoine, douze fols, cy **12.**

Pour un feptier, un fol, cy **1.**

Et pour un feptier dans un fac, deux fols fix deniers, cy **2. 6.**

Farine, rechargement. Pour relever & recharger un muid de farine, douze fols, cy **12.**

Pour un feptier, un fol, cy **1.**

Bled, Farine portée à col. Pour porter à col le bled & la farine chez le Bourgeois, tant près que loin, par minot cinq fols, cy **5.**

Par feptier dix fols, cy **10.**

Avoine pour le Bourgeois.

Pour faire conduire un muïd d'avoine chéz le Bourgeois, tant près que loin, fournir de charette, de facs & plumets pour les monter ès greniers des Bourgeois, y compris la décharge du batteau, fix livres feize fols, cy   6. l. 16. f.

Et pour un feptier, onze fols quatre deniers, cy   11. 4. d.

Cette réduction eft conforme au Tarif du 19. Novembre 1712.

Pour la décharge & conduite d'un muïd d'avoine, fournir de facs & de voiture, tant près que loin, fans le monter au grenier, cinq livres feize fols, cy   5. 16.

Pour la décharge d'un muid d'avoine & monter au grenier, tant près que loin, fans fournir de voiture, ni de facs, quatre livres dix fols, cy   4. 10.

Pour la décharge d'un muïd d'avoine, & fournir de facs feulement, trois livres feize fols, cy   3, 16.

Pour porter à col un muïd d'avoine, pris dans le batteau, jufques dans les greniers, tant près que loin, fix livres feize fols, cy   6. 16.

Jurez-Aulneurs Vifiteurs de Toille.

Toilles, &c. Canevâs, Coûtils, Treillis, Coupons, Bougran, Napes, &c.

Pour chaque aulne de toille, onze deniers, fuivant le Tarif du 20. Juin 1724. cy   11.

Pages 4. & 5.

Commiffaires-Controlleurs Jurez-Moulcurs de Bois, Aide à Mouleurs, Chargeurs & Déchargeurs, fuivant le Tarif du 12. Septembre 1719.

Bois neuf & flotté.

Pour chaque voye de bois neuf, & de bois flotté à brûler, foit de moule ou de corde, par voye cinq fols, cy   5.

Cotterets, Bourrées.

Pour chaque voye de deux cent huit fagots, coterets, bourrées, avec paremens pour la voye cinq fols, cy   5.

Bourrées d'épines, ronces, &c.

Pour chaque voye de deux cent huit bourrées d'épines, ronces, fans paremens, fouchons & copeaux, deux fols fix deniers pour la voye, cy   2. 6.

Fagots.

Pour chaque voye de cinquante fagots de bois de corde, menuifes, ou bois blanc flotté, de vingt-fix pouces de groffeur, cinq fols pour la voye, cy   5.

Falourdes.

Pour chaque voye de cinquante falourdes de perches, deux fols, cy   2.

Bois de cruë en Buches, &c.

Pour chaque voye de bois de cruë, en buches, fagots, coterets, deux fols, cy   2.

Tarif du 12. Septembre 1719. pages 7. & 8.

Infpecteurs, Vifiteurs, & Controlleurs Languayeurs de Porcs.

Porcs.

Pour chaque porc, vif ou mort, entrant dans la Ville de Paris, huit fols, fuivant le Tarif du 27. Septembre 1719, cy   8.

Et pour les demis & quarts à proportion.

Jurez Mesureurs & Porteurs de Chaux.

Chaux.

Pour chaque muid de chaux composé de quarante-huit minots, quinze sols, & pour les mesures au dessous à proportion, cy pour le muid, suivant le Tarif du 27. Septembre 1719.   15 f.

Pages 2. 3. & 4.

Officiers Forts du Port Saint Paul, suivant le Tarif arrêté au Bureau de la Ville, le 29. Novembre 1720.

Fardeaux.

Pour les gros fardeaux venans de Troyes, Vire, comme papiers, toilles, chanvres, trente-deux sols, cy   1. 12.

Cuirs.

Pour chaque douzaine de cuirs, quatre sols deux deniers, cy   4. 2. d.

Pour une douzaine de gros cuirs, huit sols, cy   8.

Fer.

Pour une voye de fer contenant soixante barres, huit sols, cy   8.

Pour verges, tolles, aciers, clouds & toutes sortes de fer, pour un millier pesant douze sols, cy   12.

Couperose.

Pour un tonneau de couperose ou alun, huit sols, cy   8.

Chaudrons.

Pour un tonneau de chaudrons, étain ou métail, huit sols, cy   8.

Huile.

Pour une tonne d'huile pesant huit cent livres, huit sols, cy   8.

Pour un bouc d'huile, deux sols huit deniers, cy   2 8.

Miel.

Pour un baril de miel ou cire, trois sols dix den. cy   3. 10.

Cendre.

Pour chaque tonne de cendre pesant sept à huit cent livres, six sols, cy   6.

Moluë.

Pour une tonne de moluë, huit sols, cy   8.

Pour un cent de moluë, à raison de soixante-six poignées par cent, trois sols trois deniers, cy   3. 3.

Et pour millier, une livre douze sols six deniers, cy   1. l. 12. 6.

Fromage.

Pour une tonne de fromages cinq sols six deniers, cy   5. 6.

Pour un panier de fromages deux sols huit deniers, cy   2. 8.

Fruits.

Pour toutes sortes de fruits en greniers, six deniers, cy   6.

Pour chaque panier venant de Thomeri & autres lieux, six deniers, cy   6.

Pour un poinçon de fruit, quatre sols, cy   4.

Pour un grand panier venant d'Auvergne, trois sols, cy   3.

Marons.

Pour une tonne de marons, cinq sols, cy   5.

Bois de teinture.

Pour bois d'Inde, & toutes sortes de bois à Teinturier, par millier douze sols, cy   12.

Harangs.

Pour un baril de harangs, deux sols, cy   2.

Hambourg.

Pour un Hambourg, deux sols six deniers, cy   2. 6.

Marchandises le millier.

Pour toutes sortes de marchandises, comme sucre, beure, savons, épiceries, suifs, souffres, fontes, plombs, cuivre, fer blanc ou autres marchandiſes & œuvres de poids, par millier douze ſols, cy   1 2. 6

Draperie. Pour les ballots de draperies, merceries quinze ſols, cy   1 5.

Sablon. Pour un tonneau de ſablon ou plâtre, deux ſols ſix deniers, cy   2. 6

Futailles. Pour chaque cent de futailles, trois livres, cy   3.

Charbon de terre. Pour un tonneau de charbon de terre, deux ſols ſix deniers, cy   2. 6

Paſtel. Pour une balle de paſtel, deux ſols ſix deniers, cy   2. 6

Marons. Pour une balle de marons, deux ſols ſix deniers, cy   2. 6

Oranges. Pour une caiſſe d'oranges ou citrons, un ſol trois deniers, cy   1. 3

Chanvre. Pour un paquet de chanvre peſant deux cent, un ſol huit deniers, cy   1. 8

Chanvre. Pour chaque voye de chanvre contenant douze paquets, vingt ſols, cy   1. l.

Fil. Pour une collée de fil, deux ſols ſix deniers, cy   2. 6

Pruneaux. Pour chaque ſac de pruneaux, chataignes, noix & chenevis, deux ſols ſix deniers, cy   2. 6

Pour un poinçon de pruneaux, quatre ſols, cy   4.

Tan. Pour ſac de tan à tanner, jauge d'une feüillette de Bourgogne, deux ſols, cy   2.

Gaude. Pour une voye de gaude pour les Teinturiers, douze ſols ſix deniers, cy   1 2. 6

Laine. Pour une balle de laine ou crin, cinq ſols, cy   5.

Bois de Torches. Pour une voye de bois de torches, ou bois d'athel, douze ſols, cy   1 2.

Ecorce. Pour une voye d'écorce de tilleul, dix ſols, cy   1 0.

Vieux drapeaux. Pour une balle de vieux drapeaux, deux ſols ſix deniers, cy   2. 6

Meubles. Pour chaque voye de meubles & caiſſes d'arbriſſeaux, vingt ſols dix deniers, cy   1. l. 1 0

Fayance. Pour une caiſſe de fayance, douze ſols, cy   1 2.
Pour celle venant en grenier à proportion.

Fruits. Pour une caiſſe de fruits peſant trois cent ou environ, quatre ſols, cy   4.

Oeufs. Pour un panier d'œufs, cinq ſols, cy   5.

Linge. Pour un gros panier plein de linge, ſept ſols ſix deniers, cy   7. 6

Armes. Pour une balle d'armes, ſix ſols trois deniers, cy   6. 3

Verre. Pour un panier de verre à Vitrier, ſix ſols trois deniers, cy   6. 3

Meule. Pour une de groſſe meule, une livre douze ſols, cy   1. 1 2.

Marbre. Pour une voye de marbre, douze ſols ſix deniers, cy   1 2. 6.

Charrette. Pour une charette de ſaint Claude, une livre dix-ſept ſols ſix deniers, cy   1. 1 7. 6.

Pour une charette de verre, une livre dix-ſept ſols ſix deniers, cy   1. 1 7. 6.

Pour

Pour un caroſſe à quatre rouës, quatre livres ſeize ſols, cy   4. l. 16.

Carroſſe.

Pour une chaiſe à deux rouës, deux livres huit ſols, cy   2. 8.

Chaiſe.

Pour une chaiſe à porteur, quatre ſols, cy   4.

Plus pour les autres marchandiſes à proportion, où leſdits Forts ont accoutumé de travailler.

FAIT & arrêté au Conſeil d'Etat du Roy, tenu à Verſailles le treiziéme jour de Juin mil ſept cent trente. *Signé*, LOUIS. *Et plus bas*, PHELYPEAUX.

Regiſtré, oüy ce requerant le Procureur Général du Roy, du très-exprès commandement du Roy à la Cour donné à entendre par la réponſe faite par ledit Seigneur Roy aux remontrances de ladite Cour, pour eſtre ledit Tarif executé ſelon ſa forme & teneur; en conſequence les Liquidations & les Contracts de rente ſur l'Hôtel de Ville, ſur les Tailles ou Rentes Provinciales qui auront été donnez en payement des nouveaux Offices créez & rétablis par le preſent Edit, demeureront éteints & ſupprimez, & mention en ſera faite tant ſur les minuttes que ſur les groſſes deſdits Contracts, à la décharge du Roy; le tout ſans approbation d'autres Tarifs & Arreſts y énoncez que ceux deſdits Tarifs enregiſtrez en la Cour, & Arreſts de ladite Cour; & juſqu'à ce que les Charges créez par le preſent Edit ayent été levées, ſera ſous le bon plaiſir du Roy pourvû aux fonctions des Commis révoquez par l'Article XV. du preſent Edit, par le Lieutenant Général de Police, & par le Prevoſt des Marchands, chacun en ce qui les concerne: Sera en outre ledit Seigneur Roy très-humblement ſupplié en tout temps & en toute occaſion de vouloir bien auſſi-tôt que l'état de ſes affaires le pourra permettre, diminuer le nombre de ces nouveaux Offices, enſemble la quotité des droits qui y ſont attribuez, & pourvoir le plutoſt qu'il ſera poſſible au ſoulagement de ſes peuples par l'extinction des impoſitions qui leur ſont les plus onereuſes, ainſi qu'il a plû audit Seigneur Roy de le faire eſperer par le preſent Edit, ſuivant & conformément à l'Arreſt de ce jour. A Paris en Parlement le trente-uniéme jour d'Aouſt mil ſept cent trente. DU FRANC.

I

Regiſtré en la Chambre des Comptes, oüy & ce requerant le Procureur Général du Roy, pour eſtre executé ſelon ſa forme & teneur, en conſequence que les Liquidations, Contracts de rente ſur l'Hôtel de Ville, ſur les Tailles ou Rentes Provinciales qui auront été donnez en paye-ment des nouveaux Offices créez & rétablis par le preſent Edit, demeureront éteints & ſupprimez, dont men-tion ſera faite tant ſur les minuttes & groſſes deſdits Contracts, que ſur les quittances de finance à la décharge du Roy; & ſera tenu le Treſorier des Revenus caſuels de faire mention tant ſur ſes Regiſtres que dans les quittances de finance deſdits nouveaux Offices des dif-ferentes natures d'effets & eſpeces qui luy ſeront fournis en payement par les acquereurs deſdits Offices, & ſans préjudice des privileges des Bourgeois de la Ville de Paris, qui demeureront maintenus & conſervez en leur entier, ſans pouvoir eſtre aſſujettis à autres formalitez ou tenus de rap-porter autres titres que ceux preſcrits par l'Article XVIII. de l'Edit du mois de May mil ſept cent quinze, confor-mément à l'Arreſt de la Chambre du deux Juin mil ſept cent vingt-deux, intervenu à l'enregiſtrement de la Decla-ration du Roy du quinze May audit an, & à la charge que ceux qui feront la perception & régie deſdits droits au profit du Roy, ſoit à titre de Fermiers, ſoit à titre de Regiſſeurs en attendant la vente deſdits Offices, d'en compter en la Chambre dans le temps de l'Ordonnance; & ſera ſa Majeſté très-humblement ſuppliée en tous temps & en toutes occaſions, de vouloir bien ſitôt que l'état de ſes affaires pourra le permettre, diminuer le nombre des nouveaux Officiers créez ou rétablis par le preſent Edit, enſemble la quotité des droits qui y ſont attribuez, & de pourvoir le plutoſt qu'il ſera poſſible au ſoulagemeut de ſes peuples par l'extinction des impoſitions qui leur ſont les plus onereuſes, ainſi qu'il a plû à ſa Majeſté de le faire eſpe-rer par le preſent Edit. Les Bureaux aſſemblez le dix-ſept Novembre mil ſept cent trente. Collationné. Signé, DUCORNET.

Regiſtrées en la Cour des Aydes, oüy & ce requerant le Procureur Général du Roy, pour eſtre executé ſelon ſa

forme & teneur, en consequence que les Liquidations &
les Contracts de rentes sur la Ville, sur les Tailles, ou
autres rentes provinciales qui auront été données en payement des nouveaux Offices créez & rétablis par ledit Edit,
demeureront éteints & supprimez, dont mention sera faite
tant sur les minuttes & grosses desdits Contracts, que sur
les quittances à la décharge du Roy, sans préjudice des
privileges des Bourgeois de Paris, qui demeureront maintenus & conservez en leur entier, sans pouvoir estre assujettis à autres formalitez ou tenus de rapporter autres titres que ceux prétextez par l'Article XVIII. de l'Edit
du mois de May mil sept cent quinze, conformément à
l'Arrest du douze Juin mil sept cent vingt-deux, intervenu
sur l'enregistrement de la Declaration du Roy du quinze
May audit an, à la charge que les Procès qui surviendront pour raison des droits dont la connoissance est attribuée par appel en la Cour, seront portez en premiere instance
pardevant le Lieutenant Général de Police & Prevost des
Marchands & Echevins de Paris, & les Officiers de l'E-
lection de la même Ville, en la maniere accoutumée, chacun pour ce qui les regarde, sauf l'appel en la Cour, & ce
conformément aux anciens Edits & Declarations du Roy
concernans lesdits Offices, à l'Ordonnance des Aydes du
mois de May mil six cent quatre-vingt, à l'Arrest du
Conseil du deux Decembre mil sept cent quatre, & aux
Arrests de la Cour des douze Juin mil sept cent vingt-deux,
vingt-deux Aoust mil sept cent vingt-six, & vingt-neuf
Janvier mil sept cent vingt-huit, intervenus sur l'enregistrement de la Declaration du quinze May mil sept
cent vingt-deux, des Lettres patentes du douze Juillet mil
sept cent vingt-six, que sa Majesté sera en outre très-
humblement suppliée en tous temps & en toutes occasions
de vouloir bien aussi-tôt que l'etat de ses affaires le pourra
permettre, diminuer le nombre des nouveaux Officiers
créez ou rétablis par lesdites Lettres, ensemble la quotité
des droits qui y sont attribuez, & de pourvoir le plutost
qu'il sera possible au soulagement de ses peuples, par l'extinction des impositions qui leur sont les plus onereuses,
ainsi qu'il a plû audit Seignenr Roy de le faire esperer

par ledit Edit. *A Paris*, *en la première Chambre de ladite Cour des Aydes*, *le vingt-deux Decembre mil sept cent trente*. **Collationné.** *Signé*, DARBOULIN.

A PARIS, chez LOUIS-DENIS DELATOUR, Imprimeur de la Cour des Ades, en la maison de feuë la veuve Muguet, ruë de la Harpe, aux trois Rois. 1731.